AF338474

27
L n : 14785.

M. J. MOREAU.

JEAN MOREAU.

Au nombre des hommes distingués qui ont honoré la Meuse et en particulier la ville de Bar-le-Duc, nous n'en connaissons pas qui soit plus digne d'être l'objet d'une étude sérieuse et approfondie, même à côté de ces illustres capitaines qui ont jeté sur notre patrie un éclat plus brillant sans doute, et plus flatteur, surtout pour des Lorrains si naturellement amis des choses de la guerre, mais bien certainement ni plus pur ni plus glorieux, que M. JEAN MOREAU, avocat au Parlement, successivement membre de l'Assemblée législative, de la Convention, du Conseil des Anciens, etc.

Nous aimerions à voir quelqu'un des jeunes membres de notre barreau étudier et écrire cette belle vie comme elle mérite de l'être ; un tel travail dépasse notre compétence et nos moyens. Nous avons dû nous borner, dans la notice qui va suivre, à rappeler les principales circonstances d'une carrière si bien et si dignement remplie, à esquisser à grands traits les principales lignes de cette figure qui ne manque ni de grandeur, ni de véritable noblesse.

Né à Stainville près de Bar-le-Duc, le 7 septembre 1742 (*a*), il fit ses premières études dans le collége, alors en réputation, que la petite ville de Ligny devait à Marguerite de Savoie, veuve d'Antoine de Luxembourg (1585). Il fit ensuite son droit en cette célèbre Université de Pont-à-Mousson dont le grand Charles IV avait doté la Lorraine, qui jeta pendant deux siècles un si vif éclat, et à laquelle, suivant l'expression d'un historien lorrain (*b*), l'Université de Paris fit

---

(*a*) La *Biographie générale*, éditée par Firmin Didot et le docteur Hœfer, le fait naître à tort à Bar, en 1753. Nous avions pensé d'abord que les auteurs avaient confondu M. Jean Moreau, avec l'un de ses homonymes, chirurgien distingué ; mais nous nous sommes assuré qu'il n'est né aucun Moreau à Bar en 1753.

(*b*) V. de Saint-Mauris.

1863

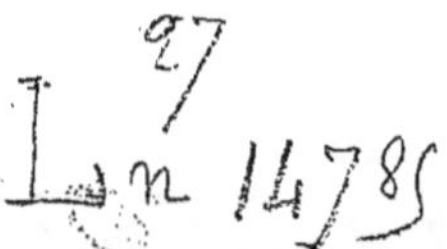

l'honneur de montrer de la jalousie en faisant rappeler, par arrêt du Parlement, les jeunes Français que l'amour des fortes études y attirait en grand nombre. A la même époque, sur les mêmes bancs, on aurait rencontré sans doute quelques autres enfants du Barrois, qui, à divers titres, se sont acquis depuis une certaine renommée, et qui durent plus tard se retrouver comme collègues dans les grandes assises de la nation. Nous pouvons nommer, il nous semble, avec quelque certitude, M. J.-J. Marquis, enfant de Saint-Mihiel (a), avocat au Parlement de Lorraine, membre de l'Assemblée constituante et de la Convention, juge au tribunal de Cassation, et le premier préfet de la Meurthe; M. Henrion de Pansey (b), qui quitta le Barrois de bonne heure pour aller exercer sur un plus grand théâtre (c), où il obtint dans la pratique de sa profession, et par la publication de divers ouvrages de jurisprudence de grands succès, et une réputation méritée; ce qui lui valut le portefeuille de la Justice en 1814 et la présidence de la Cour de cassation en 1828.

M. Moreau, après avoir exercé quelque temps au sortir de l'école les fonctions de Bailly près la justice seigneuriale du duché-pairie de Stainville, se fit admettre dans les rangs du barreau de Bar-le-Duc, avec le titre d'*avocat au Parlement*, et sut bientôt par son amour du travail, aidé d'une rare intelligence et éclairé par un jugement sain, s'y faire une place honorable. Il est à remarquer que Bar alors possédait encore, avec son titre de capitale d'un pays d'Etats, des tribunaux de degré et de nature différents : c'est dire que le nombre des avocats y était plus considérable qu'aujourd'hui ; parmi eux se trouvaient des hommes blanchis sous le harnais, et qui, soit dans le cabinet, soit au prétoire, soit même à la tête des administrations, s'étaient acquis une grande et juste réputation. M. Moreau, par l'aménité de son caractère et le charme naturel de ses relations, se fit bientôt autant d'amis de tous ses rivaux, disons mieux, de tous ses nouveaux concitoyens.

M. Moreau ne se contenta pas de ces succès, faciles aux

(a) Il y est né le 14 août 1747.
(b) Né à Tréveray, le 28 mars 1742.
(c) Paris, où il fut reçu avocat en 1765.

hommes doués comme lui d'un naturel heureux et d'un talent supérieur. D'ailleurs, aux attaques qui battaient en brèche de toutes parts le vieil édifice social sous lequel s'étaient abrités nos pères, aux sourds et lointains grondements de la tempête dont les flancs portaient la foudre qui devait l'écraser, les esprits clairvoyants, tels que le sien, sentirent la nécessité de se tenir prêts, par l'étude de la philosophie et de l'histoire, à sauver des ruines, pour asseoir le nouvel édifice, les éternels principes de religion, de justice, de morale sans lesquels il n'y a pas de société possible. Il embrassa avec ardeur les séduisantes idées de liberté et d'égalité dont se passionnaient alors la plupart des membres du barreau et de la magistrature. Il sut toutefois tempérer cette ardeur par un sentiment *tout lorrain*, de frein, de modération, de mesure (a), qui fut comme la règle de toute sa vie, et qui, au milieu des passions, des orages, lui épargnant les emportements de la peur ou de la colère, le maintint dans une ligne de sagesse et d'impartialité qui le fit respecter des opinions les plus exaltées elles-mêmes.

C'est au milieu de ces viriles occupations que vint le surprendre un premier et éclatant témoignage de l'estime publique. Le 18 juin 1783, il est nommé par Louis XVI « Procureur pour le roi en la Compagnie des Maréchaux de Lorraine et Barrois, à la résidence de Bar (b). »

Bientôt Louis XVI, convaincu ou entraîné, va chercher à réaliser les rêves de grandeur, de puissance, de félicité publique dont toute la France se montre éprise; pour l'aider dans cette royale entreprise, bien digne en effet de tenter son âme généreuse, il veut s'entourer des représentants de la nation et invite les électeurs à envoyer de préférence aux Etats généraux « des hommes d'un esprit sage. »

Dès le premier moment nous trouvons M. Moreau mêlé à toutes les grandes scènes de la Révolution française; nous voyons son nom sortir de l'urne électorale toujours aux premiers rangs et par une unanimité persistante de suffrages que nul autre n'obtint au même degré.

(a) A. de Metz-Noblat, *La Lorraine jadis et aujourd'hui*. Excellent travail où le caractère lorrain est finement saisi et justement apprécié.

(b) Le brevet en est consigné sur le registre BB N° 45 de la mairie.

En 1787 et 1788, l'assemblée des Notables ayant été appelée à Versailles, la bourgeoisie ou le tiers-état du bailliage de Bar le désigne au nombre des délégués qui doivent procéder aux élections, et ceux-ci le choisissent à leur tour avec quelques autres commissaires pour rédiger les cahiers de doléances et de réclamations à présenter au nom du Barrois, par le baron de Mouzin de Romécourt, élu député. On sait que c'est à la suite de l'assemblée du 6 novembre 1788 que les Etats généraux furent convoqués à Versailles pour le 5 mai suivant, et qu'un arrêt du Conseil, qui valut à Necker la faveur populaire, décida que le tiers-état y enverrait autant de députés que les ordres de la noblesse et du clergé réunis.

Les trois ordres s'assemblèrent à Bar, dans l'église Saint-Pierre, pour procéder à ces importantes élections. Ainsi que dans les réunions précédentes, M. Moreau fait partie des électeurs choisis par le tiers, et de la commission nommée par ceux-ci pour examiner les cahiers de tous les bailliages, les fondre ensemble et en rédiger de définitifs. C'est le 31 mars que les douze députés du Barrois furent nommés : le nom de M. Moreau ne sortit pas cette fois de l'urne (a). Peut-être devons-nous l'attribuer à sa modestie et à son désintéressement; mais il ne tarda pas à se présenter sur les lieux mêmes des circonstances graves qui mirent en relief toutes ses facultés.

« Après l'hyver où Fénelon s'était immortalisé par sa charité, dit M. Thiers, on n'en avait pas eu de plus rigoureux que celui de 88-89. » Les récoltes avaient été insuffisantes dans une grande partie des provinces, et on ne pouvait en tirer de celles qui avaient été plus favorisées qu'avec des peines inouïes, et en s'exposant à mille dangers. Quoique la bien-

---

(a) Voici le nom des députés du Barrois aux Etats généraux : MM. Simon, curé de Woël ; Collinet, curé de Ville-sur-Illon ; Aubry, curé de Véel, *pour le Clergé ;*

Le duc du Châtelet ; le vic. du Hautoy, maréchal de camp ; de Bousmard, cap. au corps royal du génie, *pour la Noblesse ;*

Et *pour le Tiers-Etat :* Marquis, avocat à Saint-Mihiel; Viard, lieutenant de police à Pont-à-Mousson ; Ulry, avocat du roi à Bar ; Duquesnoy, avocat et syndic provincial de Lorraine et Barrois ; Bazoche, avocat du roi à Saint-Mihiel; Gossin, lieutenant-général civil et criminel à Bar ; Huot de Goncourt, avocat à Bourmont.

faisance se manifestât d'une manière constante sur tous les points du territoire, ses efforts étaient impuissants pour adoucir les misères du peuple. Or, une conséquence des longues souffrances que celui-ci endure, c'est de le rendre féroce et aveugle dans ses colères. Il ne sait ni chercher ni choisir longtemps ses victimes, il frappe sur des indications souvent haineuses ou intéressées.

C'est ce qui arriva à Bar-le-Duc le 27 juillet 1789. Un négociant de cette ville, André Pellicier, se livrait au commerce des grains; il avait reçu, dit-on, des diverses autorités des félicitations et des encouragements pour des efforts qui assuraient la subsistance de ses concitoyens. Le pain ne manquait donc pas, mais il était nécessairement d'un prix très-élevé. La masse de la population regardait au contraire Pellicier comme l'auteur de la cherté du pain, et l'accusait d'être un *accapareur*. Des menaces, des imprécations lui avaient été adressées; une sourde colère aigrissait les esprits, et n'attendait pour éclater qu'une occasion, que le signal peut-être de quelque misérable, ou payé pour accroître les troubles, ou plus haineux.

Les trois Ordres avaient été convoqués à Saint-Maxe pour rédiger d'un commun accord et envoyer à l'Assemblée nationale une respectueuse adresse de félicitation et de reconnaissance. Pellicier se rendit avec confiance à la réunion. Quelques malintentionnés lui cherchèrent querelle; des apostrophes on passa aux voies de fait, et, malgré les efforts d'un petit nombre de particuliers, il fut assassiné avec toutes les circonstances effroyables que chacun sait. Au milieu de la stupeur et de la consternation universelle, deux hommes donnèrent l'exemple du courage : Oudinot, rentré depuis peu dans la vie civile, après quelques années de service militaire qui ne laissaient prévoir encore à personne les hautes destinées qui l'attendaient, et Moreau.

A la nouvelle de ce qui se passait, Oudinot enfourche un cheval, escalade la ville-haute par la rampe impossible des 80 degrés, court au funèbre cortége, qui ne traînait plus, hélas! qu'un cadavre défiguré; arrête, avec l'aide de quelques amis, les chefs de l'émeute et les livre aux mains de justice. M. Moreau, en qualité de procureur du roi près la vôté de la maréchaussée, poursuit les coupables avec vi appelle sur leur tête la sévérité de la loi, et fait livrer trois d'entre eux au glaive de la justice (a).

Ces exemples de courage civil et de fermeté rétablirent l'ordre dans la cité et le calme dans les esprits (b). Ce crime fut le seul qui souilla notre ville pendant la sanglante période de la Révolution.

Les autorités comprirent l'urgence qu'il y avait à s'occuper des moyens d'assurer la tranquillité publique. M. Moreau fut l'un des membres actifs de la commission nommée pour cet objet le 12 août, et contribua à l'adoption des mesures les plus propres à atteindre ce résultat. M. Moreau allait recevoir des témoignages plus signalés encore de la confiance de ses concitoyens.

Le 5 février 1790, il est élu procureur syndic de la commune de Bar; le 7 juin, président de l'assemblée électorale réunie pour la formation de l'administration départementale, en conformité de la loi du 14 décembre précédent; le 16, 463 votants sur 495 le choisissent au nombre des 20 membres composant cette administration, sous la présidence de Louis Jeantin, prévôt de Mangiennes; le 18, 320 voix sur 404 électeurs le désignent comme procureur général syndic du département : son nom est proclamé aux applaudissements réitérés de l'assemblée.

Cette dernière nomination l'obligeait de cesser ses fonctions à la commune; il donna sa démission en y joignant des remercîments au corps municipal pour la confiance et les bontés dont il l'avait honoré dans l'exercice de ses fonctions de procureur de la commune.

« Le corps municipal et le conseil général de la commune, est-il dit au registre des délibérations, pénétrés des sentiments qu'ils doivent à M. Moreau, à ses talents et à ses vertus, lui ont témoigné les regrets les plus vifs, et l'ont unanimement assuré qu'ils n'acceptent sa démission que par respect pour la

---

(a) *Biographie du maréchal Oudinot*, par Laguerre; *Annuaire de la Meuse* de 1840.

(b) La terreur publique était si grande, que la femme du malheureux Pellicier, menacée du sort de son mari, ne put trouver un asile où se cacher, et fut obligée de sortir de la ville furtivement, et avec l'aide d'un ouvrier dévoué.

loi, parce qu'il est appelé à des fonctions plus importantes et plus dignes de lui, et parce qu'ils espèrent qu'il ne les privera pas de l'avantage de concourir avec lui au bonheur du département et à celui particulier de cette cité (a). »

Le talent d'organisateur dont M. Moreau était doué se révéla dans les fonctions importantes de procureur général syndic du département, où il eut à tracer et à diriger la marche d'une administration de création récente. Le 17 octobre de cette même année, on y fit encore appel, en le nommant président des électeurs assemblés pour former le tribunal du district (b).

Pendant que M. Moreau recevait à Bar ces témoignages successifs de l'estime et de la confiance publique, les plus graves événements agitaient la France et l'Europe. On n'attend pas de nous que nous les retracions ici, même sommairement; il est toutefois important de les avoir présents à l'esprit, et surtout, en s'y reportant, de se placer au point de vue sous lequel ils paraissaient aux contemporains, afin d'apprécier avec une sage impartialité la conduite de tous les hommes qui s'y sont trouvés mêlés comme acteurs.

L'enthousiasme des premiers jours était déjà tombé; les Etats généraux, devenus Assemblée nationale constituante, après avoir demandé et obtenu l'abolition des anciens priviléges de ceux qui les possédaient, se montraient de plus en plus exigeants. L'Assemblée dépouillait pièce à pièce la royauté elle-même de toutes les prérogatives, de tous les droits qui en formeront toujours l'essence et le prestige. Louis XVI, « le plus honnête homme qui ait jamais occupé un trône, » n'avait ni la fermeté d'esprit, ni la décision de caractère, ni la justesse de vue qui lui eussent été nécessaires pour maîtriser les hommes et les événements; il ne sut pas toujours ni céder, ni résister à temps. La pensée de se soustraire au joug de l'Assemblée, en se retirant dans une place à l'abri de son influence directe, afin, d'une part, de traiter avec elle de puissance à puissance, et, de l'autre, d'arrêter les menaces de guerre des puissances voisines, en faisant la preuve de sa liberté d'action et de son indépendance, ne manquait ni de

____

(a) Rég. des délib. du Conseil général de la commune. D. N° 1.

(b) Tous les parlements, toutes les cours de justice avaient été supprimés à partir du 30 septembre 1790.

hardiesse, ni de dignité; mais il fallait savoir l'exécuter, et la triste équipée de Varennes fut la première station de cette voie douloureuse qui devait aboutir à la place de la Révolution. La royauté et la religion amoindries, l'émigration en masse, l'imminence de la guerre étrangère et les premiers symptômes de la guerre civile, voilà l'héritage immédiat que laissait la Constituante à l'Assemblée législative au moment de sa réunion (a).

Les élections avaient eu lieu à Bar le 27 septembre, et le nom de M. Moreau était sorti le premier du scrutin. Trop modeste pour rechercher les triomphes oratoires, M. Moreau trouva à exercer dans les travaux des commissions les habitudes laborieuses qu'il avait contractées dans le silence du cabinet. Une seule fois il sortit de sa réserve ordinaire : ce fut à l'occasion de la fameuse adresse de la section de la Croix-Rouge, qui dénonçait comme tortueuse la conduite irrésolue du roi. Il l'appuya en demandant que l'Assemblée déclarât le *danger de la patrie* (b). En effet, les armées étrangères avaient violé le sol de la France, et, soit en réalité par un calcul coupable, soit par habitude de ces lenteurs administratives que ne pouvait plus supporter la bouillante impatience des esprits, le gouvernement ne prenait pas les mesures que le salut public semblait réclamer. Pour nos députés, une considération particulière les préoccupait sans doute : la Lorraine allait être foulée sous les pas de l'ennemi, et qui sait si elle resterait française dans le cas où il viendrait à triompher ?

A l'appel de la Convention, nos duchés, qui n'étaient français que depuis 35 ans, formèrent et envoyèrent aux armées 24 bataillons de ces volontaires, terribles à l'ennemi seulement, et purs de tous autres excès.

Les journées du 20 juin et du 10 août avaient achevé de briser un fantôme de royauté. Une Convention nationale est

---

(a) Nous ne sommes pas de ceux qui méconnaissent les bienfaits des réformes introduites par l'Assemblée constituante ; mais ce n'a guère été que postérieurement qu'il a été possible d'en comprendre tout le prix. Néanmoins nous croyons qu'elles pouvaient être moins chèrement achetées.

(b) *Nouvelle Biographie générale*, par Firmin Didot et le docteur Hœfer.

convoquée pour décider de la forme de gouvernement que la France entend se donner.

Les élections eurent lieu dans les premiers jours de septembre 1792; mais sous quels auspices! Paris, pour écraser tout ce qui résistait encore, trop fidèle à la consigne de Danton : « Il faut leur faire peur! » immolait du 2 au 5 septembre une immense hécatombe humaine! Dans nos contrées, les Prussiens prenaient Verdun et occupaient en maîtres tout le pays jusqu'à la Meuse. L'assemblée électorale ne put se réunir au chef-lieu; le 2 septembre, elle eut lieu à Gondrecourt; mais elle dut se séparer après avoir nommé seulement 3 députés : MM. Moreau, Marquis et Tocquot. Elle s'ajourna donc, et, d'après l'avis du général Luckner, qui commandait l'armée de la Moselle, elle se réunit le 7 septembre à Châlons-sur-Marne, pour y continuer ses opérations, et nomma 5 autres députés : MM. Pons (l'aîné), Roussel, Bazoche, Humbert et Harmand.

La Convention tint sa première séance le 22 septembre. Elle abolit la Royauté, proclama la République, et, concentrant entre ses mains tous les pouvoirs, elle déploya une vigueur, une énergie surhumaine. Au milieu des divisions qui s'agitaient dans son sein, comme dans toute la France, le salut public l'entraîna sans doute à des mesures violentes, tyranniques, quelquefois même atroces; mais elle sauva l'unité et l'intégrité du territoire, et, avec des soldats et des généraux improvisés, elle vainquit et rejeta au delà des frontières des armées rompues au métier de la guerre et commandées par les meilleurs généraux de l'Europe.

C'est sous l'empire de cette ivresse fiévreuse de patriotisme que la Convention fit le procès de Louis XVI. Dans cette occasion solennelle, lorsque toutes les passions surexcitées faisaient d'un vote un acte de courage, pour l'honneur de notre pays, la députation de la Meuse, à l'exception d'un membre, exprima trois fois de suite, avec une ferme indépendance, des votes qui sauvaient les jours de l'infortuné monarque. Rappelons celui de M. Moreau, appelé le premier de cette députation à voter sur la peine à appliquer, tel que le *Moniteur* l'a consigné (a) :

(a) Réimpression du *Moniteur*, édition de 1858, vol. XVe, p. 194.

« *Meuse. — MOREAU. — La sûreté de l'Etat ne me paraît pas commander la destruction de Louis. Je vote pour le bannissement, qui n'aura lieu qu'à la paix.* » Les autres députés, MM. Marquis, Tocquot, Roussel, Bazoche, Humbert et Harmand montèrent après lui à la tribune, et déterminés sans doute par ses conseils et son exemple, votèrent comme lui (a). La plupart des députés des autres départements formés de l'ancienne Lorraine montrèrent la même modération. On a remarqué justement, à leur louange, que, comme Lorrains, ils n'avaient pas d'attachement séculaire pour les Bourbons, ennemis acharnés de leurs anciens souverains bien-aimés, et que, presque tous jurisconsultes, ils se montrèrent mieux pénétrés des saines notions du droit des gens que la plupart de leurs collègues, qui comptèrent pour un tiers dans le nombre des régicides.

Les clubs, d'agitateurs qu'ils avaient été jusqu'alors, deviennent de plus en plus dominateurs. Les bandes envoyées par eux, souvent d'après les excitations des meneurs et des chefs de parti, viennent chaque jour défiler en armes sous les yeux de la Convention, y déclarer leurs volontés par l'organe de leurs orateurs, et influencer par leur présence sur les décisions de l'Assemblée dans les circonstances les plus importantes.

Cette tyrannie des clubs et surtout de celui des Jacobins, où dominaient les hommes les plus exaltés connus sous le nom de *Montagnards*, se signala notamment par l'insurrection du 31 mai, l'arrestation et la mise à mort des principaux Girondins. La France entière s'en émut; elle dut néanmoins subir encore, tout en le maudissant, le régime de terreur et d'audace qui s'imposait à elle, au nom du salut public, et qui, pour repousser la coalition des rois, décrétait la levée en masse de tous les citoyens.

Les séances de la Convention avaient cessé de présenter le spectacle des grandes joûtes oratoires; la parole était aux

---

(a) MM. Bellot-Vergey et Bellot-Herment, à la bienveillance desquels nous devons une partie des renseignements qui nous ont servi à rédiger cette notice, nous ont assuré qu'il était de notoriété publique, à Bar, que M. Moreau avait déterminé ses collègues de la Meuse *à ne pas voter la mort du roi.*

faits. Une foule de décrets étaient rendus au milieu d'un silence sombre et morne. Les dénonciations étaient à l'ordre du jour. Un mot, un geste suffisait pour rendre suspect le citoyen qui avait donné les preuves les meilleures de son patriotisme. Le *modérantisme*, tel est le mot barbare inventé pour qualifier comme d'un crime ce qui, dans tous les temps, a passé pour une vertu. Au milieu de ces orages, la constitution s'était achevée, les assemblées primaires l'avaient ratifiée, et le 7 août des commissaires délégués par les départements étaient venus devant l'assemblée faire connaître cette acceptation.

M. Moreau crut alors que le mandat que lui avaient donné les électeurs était rempli. Révolté d'ailleurs des violences sans cesse croissantes du parti montagnard, et ne voyant plus de possibilité de faire triompher les moyens de modération, il écrivit à la Convention, le 16 août 1793, une lettre dont le *Moniteur* donne l'extrait suivant :

« Quand j'ai accepté la mission que le peuple m'a confiée en me députant à la Convention, j'ai cru que le terme de ma mission serait l'époque où la constitution que nous avions à donner à la France serait acceptée par les Français. Nous l'avons donnée cette constitution, elle a été acceptée, et je ne crois pas devoir plus longtemps conserver mes fonctions. En conséquence, je vous prie, citoyen président, de recevoir ma démission et d'ordonner au comité des décrets d'appeler mon suppléant (a). »

. Cette démission ne fut pas acceptée. M. Moreau continua donc, dans les travaux des commissions, à défendre et à faire entrer dans les lois les principes d'ordre et d'équité qui sont de tous les régimes, gémissant de son impuissance à empêcher les crimes commis au nom du salut public et qui déshonoraient une révolution dont il avait salué l'aurore avec bonheur. Ses habitudes modestes, jointes à une vertu sévère, le firent respecter des partis : comprenant qu'ils n'avaient à redouter d'un tel adversaire que des votes dictés par une conscience désintéressée, ils le respectèrent.

Ses concitoyens approuvèrent sa conduite et lui en donnèrent un éclatant témoignage aux élections du 13 octobre 1795,

---

(a) Réimpression du *Moniteur*, vol. XVIIᵉ, page 409.

pour la mise en vigueur de la constitution de l'an III. Il fut nommé, par 221 voix sur 258, membre du Conseil des Anciens.

Mais, frappé prématurément d'une paralysie partielle qui ne lui permettait plus d'exercer des fonctions actives au dehors, il donna sa démission en mai 1796 (a), et vint reprendre à Bar l'exercice de sa profession d'avocat consultant, qu'il continua jusqu'à sa mort. Son cabinet était ouvert à tous ; il y recevait le pauvre et le riche avec cette affabilité et cette bonté indulgentes qui furent héréditaires dans sa famille, et que nous retrouvons de nos jours encore dans l'un de ses fils, comme lui plusieurs fois honoré par ses concitoyens de la Meurthe du mandat législatif, et que la Cour de cassation compte au nombre de ses membres les plus distingués.

Malgré cette affection, qui privait la patrie des services de M. Moreau, il avait conservé toute la vigueur et toute la lucidité de son intelligence. Il nous a paru, d'après les témoignages des rares contemporains qui l'ont connu et qui lui survivent, que cette circonstance même ne fit qu'accroître les sentiments de respect et de vénération de ses concitoyens pour sa personne. Leur confiance vint plus d'une fois encore l'arracher à cette modeste retraite, où il se plaisait à donner à ses clients des consultations, qui souvent devenaient des arrêts, et à ses jeunes confrères des conseils, et une direction aussi pleine de sagesse que de désintéressement.

Deux fois, en 1796 et 1797, il fut choisi pour présider les assemblées électorales, et nommé juré près la haute cour nationale.

En 1800, lors de l'organisation des préfectures, un décret du premier Consul, daté du 14 mai, le nomma membre du Conseil général de la Meuse. Il continua jusqu'en 1809 à faire partie de ce Conseil, et en dirigea les travaux comme président en 1802, 1803, 1808 et 1809.

Apaiser les partis, les réconcilier dans la mesure du possible, et les rallier à un gouvernement régulier qui voulait, en ramenant le calme et la confiance dans les cœurs, assurer la tranquillité publique et donner essor aux éléments de prospérité que renferment notre pays ; organiser et hiérarchiser les diverses administrations, les divers services dont nous admi-

---

(a) *Nouv. biog.*, Firmin Didot et Hœfer.

rons aujourd'hui l'harmonieux ensemble : telle fut alors la mission de l'administration départementale. M. Moreau y apporta son riche contingent de lumières natives développées par la longue expérience acquise au sein des assemblées nationales.

Lors de la création de la Caisse des incendiés (a), dont les magnifiques développements forment le plus bel éloge des hommes qui ont contribué à sa fondation, nous trouvons le nom de M. Moreau le premier sur la liste dés membres composant le bureau d'administration (b).

Les compagnies n'existaient pas encore ; il fallait donc créer l'organisation toute entière. Nous avons trouvé des traces d'institutions diocésaines analogues, antérieures à la Révolution, mais il est à présumer que ces institutions étaient parfaitement inconnues des fondateurs de la Caisse des incendiés de la Meuse. Nous devons donc toute notre reconnaissance et notre admiration aux auteurs du premier réglement, dont les bases principales sont encore aujourd'hui en vigueur.

Le 29 août 1809, un décret de l'Empereur appelle M. Moreau au Conseil de préfecture. Il fallut les plus vives instances de M. Leclerc, alors préfet de la Meuse et son ami, pour le décider à accepter ces fonctions.

Si l'on songe que les Conseils de préfecture avaient à fonder leur jurisprudence ; que ce qu'on appelle le *droit administratif* était à créer, on comprendra combien l'adjonction d'un homme tel que M. Moreau était en effet précieuse à obtenir. Ses fortes études du droit civil, ses travaux dans les comités, où s'élaborèrent la plupart des lois de l'ère nouvelle, son sévère esprit d'équité, étaient très-propres à éclairer les jugements de ce nouveau tribunal, et à les asseoir sur des principes qui pussent servir de règle à l'avenir. Il réalisa toutes les espérances que l'on avait fondées sur son concours. Ce concours devait être malheureusement d'une trop courte durée.

Le 2 novembre 1811, quelques semaines après avoir assisté à la pose de la première pierre du dépôt de mendicité de

---

(a) En novembre 1805.

(b) Les autres membres étaient MM. Ulry, Humbert, Ficatier, Rouvrois, Jodin, Catoire.

Fains, depuis converti en asile d'aliénés, une courte maladie l'enleva à sa famille, à ses amis, à ses concitoyens consternés.

Le lendemain, les fonctionnaires publics, en grand costume, se firent un devoir de lui rendre les derniers honneurs. La réunion des autorités eut lieu à l'hôtel de la préfecture, qui se trouvait en face de la maison du défunt, où on se rendit pour le moment du convoi. Le cortége suivit en ordre le clergé à la paroisse Notre-Dame, où furent célébrées les obsèques. Les coins du drap étaient portés par MM. Henriquet, conseiller de préfecture, Leblan, auditeur, sous-préfet, Gillon, secrétaire général, et Pierre, maire de la ville de Bar-le-Duc. Son corps étant transporté au cimetière, M. le comte Leclerc, préfet du département de la Meuse, prononça sur le bord de la fosse l'éloge funèbre du défunt en ces termes :

« Messieurs,

» La mort vient d'enlever à ce département un homme estimable, un citoyen vertueux, un jurisconsulte éclairé et un magistrat intègre. C'est donc à nous, qu'elle a réservés pour des coups un peu plus éloignés, qu'il appartient d'exprimer les regrets publics, et d'honorer la cendre de celui dont la vie entière a été si honorable. Nous allons remplir ce triste et pénible ministère avec le serrement de la douleur, mais soutenu aussi par le courage qui anime celui qui fait l'éloge de la vertu.

» Pour louer l'homme que nous pleurons, d'une manière digne de lui, il faudrait vous retracer ici, Messieurs, le tableau fidèle de toutes ses actions publiques et privées, et il n'est personne parmi vous qui n'en conserve assez le souvenir pour que je doive vous arrêter et vous retenir plus longtemps, dans cette enceinte funèbre, sur cet amas de poussière qui étale avec profusion l'irrécusable témoignage de notre faiblesse et de notre néant. Il me suffira de vous rappeler l'inaltérable fermeté avec laquelle il sut faire entendre la voix redoutable de la loi, dans un moment où l'humanité eut à gémir de son silence; avec quelle sagacité et quel esprit d'ordre il traça et régularisa la marche d'une administration naissante ; avec quelle prudence et quelle circonspection il évita pendant ces temps, qui sont déjà loin de nous, les écarts funestes de l'enthousiasme et des passions, et resta toujours inébranlable dans la ligne que le citoyen vertueux et l'homme de bien ne dépassent jamais. — Personne de vous n'ignore avec quelle indulgente bonté il accueillait tous ceux qui venaient le consulter sur leurs affaires, et avec quel religieux désintéressement il donnait ces lumineuses décisions qui ont mérité le suffrage des tribunaux et des cours, et ont servi quelquefois à lever les incertitudes. — Mais je m'arrête ici, Messieurs ; je craindrais, en donnant suite à cet éloge si juste et si mérité, de porter atteinte à la mémoire de celui que nous pleurons, lui qui fut si humble qu'il poussa la modestie jusqu'à la timidité. Le vide affreux qu'il va nous laisser publiera ses vertus et ses qualités bien plus que mes paroles, et ses fils, instruits par ses exemples et formés par ses conseils, vous montreront suffisamment en suivant ses traces quel homme était leur père (a). »

En adressant copie de ce discours à M. Moreau aîné, inspecteur des contributions directes du département de la Meuse, M. le comte Leclerc l'accompagna de la lettre suivante :

« Monsieur,

» Je n'ai fait que remplir un devoir sacré et bien cher à mon cœur en décernant à la mémoire de M. votre père les honneurs qui lui étaient dûs ; veuillez donc bien, je vous prie, cesser de donner autant d'importance à ma conduite dans cette circonstance. En payant à la vertu le tribut qui lui appartenait si légitimement, je n'ai été que l'interprète et le mandataire de tous mes administrés.

» Vous me demandez, Monsieur, de vouloir bien vous communiquer le discours que j'ai prononcé sur la tombe de votre respectable père ; je vous avouerai que je n'y attachais pas assez de prix pour vous faire cet hommage. C'est une fleur passagère que je me suis plu à jeter, mais qui est déjà séchée et ne mérite pas d'entrer dans la couronne à laquelle M. votre père a le droit de prétendre. Cependant je ne résiste pas à votre désir et je vous l'envoie.

» Veuillez bien n'y voir que mon intention, mon attachement et ma considération pour votre famille, etc.

» 7 novembre 1811.

» Comte LECLERC. »

(a) Ce discours, que nous donnons d'après une copie de la main de M. Leclerc lui-même, offre quelques différences, très-légères, avec celui qu'à publié le *Narrateur de la Meuse.*

(Extrait de l'ANNUAIRE DE LA MEUSE pour 1864, par MM. Florentin
et Bonnabelle, édité par M. CONTANT-LAGUERRE, libraire à Bar-
le-Duc. — Tirage à 21 exemplaires.)

Imprimerie Contant-Laguerre et Cie, rue Rousseau, 36, à Bar-le-Duc.